AF345479

COMPETENCIAS PERSONALES

JOSÉ MANUEL NÚÑEZ IGLESIAS

COMPETENCIAS PERSONALES

EXLIBRIC

ANTEQUERA 2022

JOSÉ MANUEL NÚÑEZ IGLESIAS

COMPETENCIAS PERSONALES

14 DE ABRIL

A más que a nadie
a usted le debemos la vida,
a más que a nadie
a usted le debemos el no dar
palos de ciego con sordina,
a más que a nadie
a usted le debemos la libertad
que ejercemos en las urnas.

A más que a nadie
a usted le debemos las horas
que pasan cual segundos
y se convierten en diurnas,
a usted y a tantos otros les debemos
el brindis, la libertad,
el no pasar miedo al ver pasar
aviones como oscuras golondrinas.

A usted le debemos
el no saber cómo pagarle
tanta memoria del olvido,
tanto sufrir y no quejarse.

A usted le arrendamos el compromiso,
a usted le confiamos el destino de la existencia,
a usted le daríamos la vida que no quiso,

a usted le mostraríamos el camino,
lejos de la linde que queda a la derecha.

A usted, a quien los brigadistas reverencian,
a usted, que mi alma rememora,
a usted, que en mi corazón,
tiene una sala de Urgencias,
a usted, que no tiene asiento en esta noria.

A usted, que fue el más villano
en la bifurcación que llaman historia,
a usted, que se jugó la vida
por conservar lo que ahora nos sobra.

A usted, que merece todos los honores,
a usted, que nos libró de apretar los dientes,
a usted, que fue el menos cobarde
de entre todos los valientes.

A CONTRATIEMPO

Ahora que todo pasó,
descanso mirando al infinito,
ojeando viejas fotos,
volviendo a un pasado lejano,
tan cercano como un cálido verano.

Y sigo sin la ansiada respuesta
a la locura a la que me lleve
a echar por tierra tan lo que era.
Qué fácil es volverse un cualquiera.

Pero arrojé a un lado el velo de tul,
abrí a tiempo los ojos,
reaprendí a caminar
y a andar largo camino,
donde esperabas tú.
Mereció la pena de sobra
burlar a la muerte,
sobrevivir a esta zozobra.

A MIS SENTIDOS

Tú, que todo lo sabes,
tú, que todo lo ignoras,
responde a las dudas que me asolan.

¿Por qué quisiste quererme?
¿Por qué mis sentidos te adoran?

A Paula, antes de nacer

Cuando una noche mi niña venga,
dejaré de mirar la luna,
cambiaré sus blancos destellos
por el brillo nuevo de su cuna.

Cuando desdoble mi vida,
cuando mi vida amanezca,
cuando no piense en la huida,
perderé mi pecho por ver que crezca.

Cuando tú y yo seamos uno,
cuando nos conozcamos sin el tiempo,
cuando lo claro, claro,
cuando lo oscuro, oscuro,
cuando seamos lo que pretendo.

Entonces, solo entonces,
mi niña tendrá lo que nosotros no tuvimos,
lo que ella por ser nosotros merece,
entonces sabrá que afuera por su llegada mueren.

Y se arrepentirá seguro,
seguro se arrepentirá mil veces
de no haber salido antes,
de perderse las dos «lunas llenas» de su madre,
de esperar los nueve meses.

A RAS DE CIELO

Todavía albergo esperanza,
aún se inclina la balanza
a favor de los desfavorecidos,
de los que de sufrir hemos sufrido.

A lo lejos se atisba una tenue luz,
sigue su dirección y atraca en su puerto,
puede que seas tú,
puede que te hayas descubierto.

Una vez allí, despojarte de todo,
solo se trata de vivir,
de dejar atrás el lodo,
de vivir sin resumir.

Abre tu alma al todo,
no temas a la nada,
así de algún modo
las sábanas se harán menos heladas.

Confía en ti,
no vuelvas a engañarte,
vive, crea, sueña para y por ti,
merece la pena lo he vivido…
seguir hacia delante.

A VECES EL PASADO

Por una vez, sin precedentes,
unos versos te dedico,
que sepa el cielo de tu boca entonarlos,
como mi mano temblorosa escribirlos.

Por una vez te contesto,
por una vez te declino
estas frases medio sueltas,
estas silabas desnudas,
estas confidencias
huérfanas de abrigo.

Por una vez te pido que no cambies,
que no te vulgarices,
el pasado no lo es todo,
pronto curarán las cicatrices.

Por una vez recuerdo
la niñez que compartimos,
particular historia interminable
dentro del laberinto.

Por una vez recuerdo algunas cosas
recuperadas de memorias del olvido:
un perro con asma,
una mujer corriendo como loca,

un pisito con alma,
unas fiebres infantiles con llagas en la boca.

Por una vez quiero recordarte,
un tiempo lejano y no perdido,
en un libro de familia equivocado,
desde aquí rectifico a los juzgados,
donde nunca estuviste inscrito
como el menor de mis hermanos.

ABRIR LOS OJOS

Exportando olor a taberna,
a muerte a vencido,
a cerrar puertas a lo querido,
al miedo al cero positivo.

Qué hacer con el sin sentido,
matarme en vida,
renegar de mi absurdo yo,
demasiado para un don nadie.

Toda ayuda se me fue prestada,
no supe contentar a todos,
fallo mío y de mi conducta,
pero supe digerir la angustia.

Ahora puedo con puñales
que guardan en ligero mis familiares,
a tumba abierta,
apuñalan mis soledades.
No encontraréis ni un resquicio,
soy experto en bajar al pozo
a revolverme en el frío lodo.

ADELANTE

He hallado una especie de cordura,
golpe a golpe, verso a verso,
después de tantas calenturas,
sigo en pie en este universo.

Sudores fríos,
temblores incontinentes,
vómitos falto de ayuda,
muerto en vida sin salida.

Pero con dos cojones
me enfrenté a la muerte
con nuevas ilusiones,
con la mirada al frente.

Y he conseguido mucho,
he recuperado cosas,
me siento afortunado,
ahora la vida se presenta hermosa.

AHORA

Ahora que el huracán ha amainado,
ahora que le vi el rostro a mi salud mental,
ahora que pese a todo continúas a mi lado,
ahora que he aprendido a vivir con lo elemental.

Ahora que veo de cerca el daño causado,
ahora que puse fin a mis juegos malabares,
ahora que me siento por mí mismo respetado,
ahora que uso cota de malla contra las maldades.

Ahora que me hace guiños el futuro,
ahora que salí del confinamiento de mí mismo,
ahora que llevo en mi bolsillo más de un duro,
ahora que planté cara al cataclismo.

Ahora que el plan es el día a día,
ahora que soy mi mismo amigo,
ahora que aparqué en doble fila la bisutería,
ahora que me miro al espejo cada día,
ahora que veo mi reflejo y veo que lo he conseguido.

ALGUNA VEZ

Alguna vez el miedo morirá,
morirá la soledad,
alguna vez se borrarán nuestras pisadas,
alguna vez se velarán,
alguna vez volverán,
ahora en pañales,
aquellos sueños de brigadistas internacionales.

Alguna vez volveremos atrás nuestra mirada,
si no lo hemos hecho ya,
rara vez secarán las lágrimas vertidas
en nuestra almohada,
alguna vez descubriremos el milagro del abecedario,
alguna vez tus hijos morirán por tu nacer,
alguna vez acabará este mísero letargo,
alguna vez.

Alguna vez el vientre que nos dio la vida sin pedirla,
obligándonos con ello a malvivir viviendo,
también morirá,
alguna vez a lo largo de esas horas
sé que tú como yo llorarás,
alguna vez quisiera saber en aquel instante
qué pensamos,
qué añoramos,
qué soñamos,

qué recordamos,
qué lloramos.

Alguna vez te diré, si no es en esta,
el *leitmotiv* de aquella tarde.
Yo lloraré más por la vieja cajita de zapatos,
que hace años empujaste al fondo,
que por el nuevo amasijo de madera y cristal,
forrado de terciopelo rojo.

ALUCINACIONES

Noches sin bares,
pan con veneno,
lunas y lunares,
vida al extremo.

Estrellas moribundas,
soles quemados,
el barco se inunda,
pero a tu lado.

Gas propano,
ventanas que se abren,
para los no humanos,
cuerpos que arden.

La insípida vida,
las telarañas de las esquinas,
la sobrevalorada huida,
la intolerable inquina.

Un mar sin olas,
una playa sin espuma ni arena,
el tú, el yo, los demás, el ahora,
el saber ahogar la pena.

El caos, las pastillas,
el tabaco, el humo,
las infinitas pesadillas,
el casi me consumo.

La luz, las miradas,
el final del túnel,
las solitarias almohadas,
el olor del metro cada lunes.

AÑORO

A Mari Carmen Núñez,
porque añoro el fular mejor llevado
que vio Puerta Real

Añoro verte bajar en la vía tres,
añoro esos diez palacios sin tu olor,
añoro los roscos de huevo rebozados
de azúcar, de pasión.

Añoro la incertidumbre del qué comer,
añoro los dibujos de él,
añoro las siete diferencias del TP.

Añoro Molinos con saladillas,
la escalinata de Santo Domingo,
tu pastillero, tus pastillas,
las monedas de Puerta Real,
por la mañana los domingos.

Añoro Gomérez sin tu presencia,
el levantar de la Aurora sin tu aplauso,
añoro el paseo que lleva nuestro nombre,
sin ir cogido de tu brazo.

Añoro tus libros, tu viveza,
los *solanos* de la Plaza de la Trinidad,
tu descordura, tu bondad,
y añoro, ten le certeza,
una vez a la semana
tus bolitas sorpresa.

Añoro el llorar cada noche,
no sé si por la cebolla,
o por lo que me dice Hernández
en boca de Serrat,
o por la escarcha cerrada y pobre,
que sin ti encapota Granada…
y sus noches.

ASOMBRO REPENTINO

Pájaros sin alas ni brillo,
arco iris blanco y negro,
postre sin carne ni membrillo,
luces de ambulancias en mi puerto.

Corazones sin alma,
almas sin cuerpo,
la prisa de lo que tarda
crear un solo verso.

Infinitas cajas con pastillas,
para un tipo de nombre compuesto,
que hagan evaporar sus pesadillas
de las que están llenas su tiempo.

Cerrando puertas, abriendo heridas,
cerrojos de funerales,
sin poder contar lo incontable,
en cien caras sin ciudades.

Archivo del desconsuelo,
me lamo las heridas,
me arrastro a ras de suelo
de las personas queridas.

AVERNO

A Nuria, por la comprensión

Quizás fuese un amor malherido,
quizás fuese bisturí de cuatro filos,
quizás lo prohibido,
pero infinitamente mío.

Quizás error o desatino,
quizás muerte en vida,
pero hago mío el destino,
que siempre me indicó la salida.

Y no más ni aún menos,
ni un quizás, ni un no vernos,
aunque implique al averno,
prefiero este malnutrido infierno.

AYERES

Volviendo a las primeras nupcias,
en busca de un hogar,
hayo conocidas calles
y algunos detalles,
de punta las vellosidades intestinales.

Recordé un tiempo estable,
tanto mundano como sentimental,
una falsa soledad
que una vez hallé
y en la vicaría rubriqué.

Teniéndolo todo me fugué,
hoy regreso a aquel ayer,
le debo una segunda oportunidad
a las aceras, al asfalto,
a todo lo que pasé por alto.

Me lo debo a mí,
a un nuevo amanecer,
un hogar con encanto,
todo lo que merezco por ser.

Lo que perdí por cabezota,
para tener un espacio,
para volver a jugar a la pelota.

BALDOSAS AMARILLAS

Siguiendo el camino
de baldosas amarillas,
me aventuré en una locura,
intentando sacudir viejas polillas.

Durante el camino encontré
a gentes de todos lares,
unos con ilusiones, otros con sueños,
otros postrados en las barras de los bares.

Me tropecé con gente sin corazón,
luciendo cuerpos de fría plata,
pobres ingenuos a los que todo les resbala
en sus pulidos trajes de hojalata.

También hallé algunos espantapájaros,
cantando su melancólica melodía,
bailando el baile de la desesperación,
sabiendo que nadie bailará su baile,
intuyendo que nadie sabrá de su canción.

También me topé con leones cobardes
que solo son valientes en el hogar,
cuando se quitan el cinturón,
para crear el miedo, el mal,
valientes para a su compañera matar.

Al final se acabaron las baldosas,
me topé de frente con el inmenso mar,
en la orilla, balanceándose con las olas,
estaban Dorothy y Totó,
como tantos otros que fenecen
en el dorado camino que les pintan
hacia la inexistente ciudad de Oz.

BASTA YA

Ni quiero ni sé de disputas,
ni por genero todas putas,
algo falla en el sistema,
cuando el maltratador
deja huérfanas las cunas.

Es triste, pero no vale volver la mirada,
es tremendo que las urnas
no valgan para nada,
decepción que ahogas
con llanto en la almohada.

Cobardes nacidos de un útero
que no tiene culpa,
pero mejor cerrar las piernas
que traer al mundo a un hijo de puta.

Ni entiendo de gaviotas,
ni de rosas sin espinas,
pero sufro el dolor ajeno,
todas merecieron más te quieros.

Tuve madre,
poseo hermanas,
tengo hija,
por Dios os pido,
no seamos animales.

Ni santos, ni benditos,
ni cabrones ni miserables,
es la vida, el todo,
es llorar a almas, un sin sentido.

CIELO Y SUELO

Entre el cielo y el suelo,
solo hay incertidumbre,
batallas triviales, desconsuelo,
todo expuesto a un precario derrumbe.

Debes hallar armadura,
cuando las olas rompan en tu cintura,
has de tener la suficiente cordura,
para hacerlas tuyas.

¿Fácil? Nadie lo dijo,
pero has de sacar tu fuerza,
poner al sol las vísceras,
saber quién habita tu península.

Se puede, —doy fe—,
pero es necesario desnudar el alma,
palparte el cuerpo,
dejar que tu mente vuele,
el resto hará lo que crees imposible.

CIEN SOLEDADES

Arcadios, prosperidad, ensoñaciones,
castaños, corredores plagados de begonias,
amantes de provincias exteriores,
Aurelianos en guerras de colonias.

Locura de Úrsula Iguarán,
mariposas amarillas,
páginas que no se igualarán
carcomidas por polillas.

Piedras como huevos de dinosaurio,
el descubrimiento del hielo,
poner etiquetas a las cosas por el miedo a olvidarlo,
comerse la cal de las paredes,
la tierra del suelo.

No acepto la locura
de ver pasar generaciones,
no quiero ser devorado por hormigas,
como el menor de los Buendía.

CIUDAD DE LOS GITANOS

Antiguo rumor de muerte,
que señala mi camino,
jalonando la vereda
de pánico sin sentido.

Antiguo correr de agua
colina abajo,
serpiente con mil hijos,
regando así tus vástagos
los aljibes del olvido.
Empedrado que hizo fuertes
mis débiles tobillos,
atardeceres que dieron luz
a la oscuridad de mis sentidos.

Años que compartimos,
estrechando así los lazos
de una madre con su hijo.

Ciudades

Noche de húmeda escarcha,
callejones con pasado turbio,
portales con muchachas
matando el tiempo
con bocanadas de humo.

Húmedas avenidas,
paseantes taciturnos,
antes de arribar a casa,
mojados bancos repletos de periódicos
y cartones de peleón vino.

Farolas de luz amarilla,
al fin y al cabo luz de gas,
alumbran mi camino,
para no equivocar mi dirección,
por ir con paso inestable
sobre la ciudad que piso.

Y otra noche en mi pequeño saloncito,
con mis libros, mis viejos poemas,
con mi mundo incomprendido,
dando vueltas a lo que ofrecí
y a lo que por misericordia se me ha ofrecido.

Y así lo ha de recordar uno:
es dicha o es desgracia,
suerte o infortunio,
lastre que se arrastra
hasta el sepelio inoportuno.

CÓMO DECIRTE, CÓMO CONTARTE

Hay tantas cosas que decir,
tantos sueños que contarte,
tanta vida que vivir,
tantos obstáculos que saltar,
tanta vida que no llevo a ninguna parte,
hasta que pude encontrarte.

Cómo decirte
que eres mi bien y mi mal,
mi verdad,
la mentira de los demás.

Cómo contarte
que me has devuelto la infancia,
la alegría, la pubertad,
las ganas de llorar de felicidad,
la auténtica certeza
de que he dejado atrás alta mar,
de que he atracado en un puerto de verdad,
de que aguantará de este barco su corteza.

Cómo decirte
que habitar el cielo de tu boca,
que sentir tu piel como la mía,

que el contar los minutos de los días,
no me pasó ni nunca, ni en otras.

Cómo contarte
que minuto que cuenta el reloj,
estando tú a mi lado,
es el regalo de algún dios,
que minuto que estas lejos
ese mismo dios,
celoso de mi dicha
y de su propia creación,
con garras de plomo
me araña el corazón.

Cómo decirte
que estoy completo,
que me llenaste un noviembre,
que me ahogo sin tu voz,
que estaré siempre donde ahora me encuentro,
que sólo necesito tu amor
para mantenerme en este sueño…
despierto.

CRUZ

Eres el calor sin calefactor,
eres el frío que sustenta,
el corazón de los sin hogar,
la indispensable libertad.

El amigo que se encuentra,
no buscado, sino hallado
en un tropiezo del destino,
que en este desatino perdió a pares.

Si te busco no te hayo,
si te persigo te me escapas,
pero el destino lo quiso,
encontrarnos donde no se esperaba.

Y aquí seguimos coleando,
dando guerra, aunque nos opongamos,
firmes como el más fiel de los soldados,
hombro con hombro,
como el mayor de mis hermanos.

D'AUTOR

Me apropio de tu éxito,
lo tomo como mío,
porque me congestiona el alma,
porque me alegro tanto,
que si te va bien,
si eres feliz,
yo lo soy contigo.

Sé de tus sueños y miserias,
y tu quizás más de las mías,
que quizá yo mismo,
por saber llegar al centro
de lo desvivido,
por tener la llave
de mi cielo color vino.

Hemos sufrido tanto
que no lo merecimos,
pero te has sabido reinventar,
la vida es experimentar,
y tú tienes al fin
tu propio laboratorio,
mi maestro en todo.

Sé que no zozobrarás,
tu barco tiene fieles timoneles,
que a buen seguro no te soltarán la mano,
pero si pasase algo, ahí estaré.
¿Por qué? Por los falsos cromosomas
que aseguran que eres mi hermano.

DE TROVADORES Y POETAS

Por senderitos de barro y cañas
vengo arrastrando zapatos sin medias suelas,
con tus zapatos de gamuza azul arañas
el viejo asfalto de la M-30.

Por los laberintos de la palabra
ando perdiendo el sentido,
acariciando un arpa gitana
brindas al mundo sonidos.

Plasmando en papel preguntas,
espero respuestas que no consigo,
tus manos arrancan acordes
a una mujer sin sangre,
que te hace sentir vivo.

Tú respiras aire de la Villa,
rodeado de madroños.
Tú pasas tu tiempo entre Sol y Gran Vía,
yo vivo por los atardeceres
que le brinda la Alhambra al sol,
los fríos otoños,
y muero por cada metro de asfalto
que me separa de calle Melancolía.

Un día uniremos tus cuerdas a mi verso,
una noche la palabra se hará música
y juntas, armonía,
una noche creeremos
que el arte no es un sueño,
una noche por alegrías
brindaremos por las malas compañías.

Y entonces,
cuando toreemos en la Maestranza,
cuando en Las Ventas nos anuncien los carteles,
sabrán que somos más Grandes Hermanos
que los que vomitan por la tele.

DECEPCIONES

Miedo, soledad,
incomprensión, no más,
gracias a malitos como yo,
salí a flote de esta
zozobrante embarcación.

Y si admito mi culpa,
buscando la cura,
me asombro de lo que arrastro,
para un par de rastros.

Pero hay gente buena,
todos lo fueron a su modo.
Total, somos enfermos.

Más allá fuera menos que adentro,
allá poca solidaridad,
falta de sentimientos,
pero creedme:
cuando se ve a la muerte,
todo lo sencillo se vuelve urgente.

DECIR «BASTA»

Viviendo a tope,
perdido por escotes,
aves de paso,
haciendo el payaso.

Malgastando mi caja de caudales
con simples mortales,
dando amor por un trozo de pan,
eterno Peter Pan.

Confundiendo neones con estrellas,
que se acababa el mundo,
quemando noches,
he dormido en los coches.

Gastando lo ganado,
en grupis mortales,
en mil camas ajenas,
hasta que me atrapó la pena.

Cuesta decir «basta»,
cuando todo son halagos,
pero hay que saber parar,
y me alegro de verdad.

DELIRIUM TREMENS

He visto cosas que no creeríais:
caballos alados sobre luna de terciopelo,
muchachos fumando tras las cortinas de mi cuarto,
muchachas con gafas debajo del armario.

Ballenas varadas a los pies de mi cama,
un desfile de *vedettes* con orquesta,
en mi trepanado cráneo sudor de nata,
y en la etiqueta de una botella una propuesta.

Monedas que me siguen mientras me arrastro,
armarios que abren sus puertas a mis trajes,
y acariciando mi sucio cabello a mi padrastro,
en un segundo vi pasando el frío de mi bagaje.

Gritando mudo al mundo entero,
llorando de pánico y soledad,
me puse una montera por sombrero,
para lidiar al toro con honestidad.

Derrumbe

Te rendiste pronto,
quizá demasiado a mi entender,
perdiste el sereno rostro,
lo tienes todo sin saber qué hacer.

Te vino grande la parada de la utilidad,
el estar perdido en una mísera ciudad,
recurriendo a barras de bar,
para calmar la buscada soledad.

Disfruta la vida, la familia,
aprovecha a los que te quieren,
no te me mates a poquito con inquinas,
todos los amaneceres flores florecen.

No te vulgarices, no te aferres al televisor,
disfruta cálidos veranos,
no seas otro *tontopollas*
que no folla por ver el Gran Hermano.

DESCANSO DOMINICAL

Vidrios etílicos flotando
sobre pedestales de madera,
recipientes de Murano,
formando formas geométricas,
intercambio de valores
por felicidad pasajera.

Trazo recto de granito,
delimitando ocio de tortura,
segundero que ejecuta una jornada
de férrea disciplina.

Cuerpos sin alma,
desalmando el alma,
que no encuentra salida,
visiones de libertad
tras el ventanal
que impide la huida.

Mínimas ráfagas exteriores,
anunciando la buena nueva
de la vida.

Adecentamiento del espacio,
que sirvió al desapego
de la sucia rutina.

Vuelta a la lumbre del hogar,
para unos reconfortante,
para otros cajita de ceniza,
unos vuelven con tristeza,
otros arrastran tristes
los pies y su miseria.

DESDE MI VENTANA

Árbol alto, vieja siembra,
con su cantar de hojas,
melodía para el alma
de quien la quiera oír,
me acompañan sus sonidos,
en mis noches insomnes,
de los sueños des-soñados
de lo que queda por cumplir.

Ahora verde es primavera,
mas a mí me atrae en otoño,
cuando cambia su vestido verde
por un ocre melancólico y febril,
que me retrotrae a la infancia,
a un patio de colegio donde pude ser feliz,
pisando sus secas hojas
por el placer de oírlas crujir.

Viejo árbol, vieja sombra,
no te muevas de ahí,
yo iré a visitarte, pero ya sabes,
siempre pasado el mes de abril,
espérame en mi cumpleaños,
yo estaré ahí.

Donde me recreo

Donde me llevo la imaginación,
a una ciudad sin nombre,
donde ser feliz compartiendo una canción,
donde mujeres enlutadas sacan brillo al cobre.

Allí donde fui feliz a mi manera,
donde encontré en una familia la fe,
la mujer horneando bollos de canela,
el varón en las madrugadas tostando café.

Una prole con principios sin fin,
unas almas que te hacen cosquillas al reír,
unos seres tan humanos
como las palmas de mis manos.

Una, mi mejor amiga, mi confidente.
Él, la mejor mala compañía, mi hermano.
Ambos complementos indispensables en mi vida,
adoptando a mi hija como la menor de sus vástagos.

Me dan la vida, solo aportan,
allá donde solo hay rostros,
pasarán cien años o más,
pero junto a ellos hasta la eternidad.

EL HALO DE TU AUSENCIA

Piso la ciudad que me enseñaste,
vivo la noche que tú dormías,
escupo a los adoquines que tú adoraste,
odio esta urbe sin ti de guía.

Extraño el olor de tu persona,
extraño la tortilla de patatas en la acera,
extraño la ducha
y su inseparable huida,
extraño el no tenerte cerca.

EL MAR DEJA DE MOVERSE

Todos estos placeres pasarán,
tenlo por seguro.
Estoy en disposición de afirmar:
el frágil engranaje de la vida
no suele entender ni indultar.

Tiende —qué manía— a reventar.
Habrá días con soles
que dan calma a tu piel,
noches de sudores
para prepararte para todos los dolores.

Debes sufrirlos para sentir,
como la vida busca resquicios para huir,
debes engañarla, ser sutil,
buscar resquicios color añil para sobrevivir.

Es difícil, casi imposible,
pero merece la pena:
ver cara a cara a la muerte
te hace mucho más fuerte.

Créeme si te digo
que la miseria humana crece.
No oirás romper las olas en la orilla,
pues entonces el mar habrá dejado de moverse.

EL PATIO DE LOS MIEDOS

Resquicios de sol,
un viejo patio,
seis bancos, tres perros famélicos,
único lugar de verdades,
de mostrar sentimientos.

Y la vida pasa, el exterior inexistente,
entre confesiones y chismorreos,
y la muerte asoma su guadaña
entre drogodependientes ateos.

Lo que habrán oído
estos asientos de ladrillo,
las lágrimas en ellos vertidas,
las muertes las huidas.

Culos inquietos ansiando la huida,
la que nadie impide,
pero cuesta tomar la decisión,
por el afuera, por la decepción.

Al final llega el momento soñado,
cuesta hacer las maletas,
llevan mucho más bagaje,
siempre lágrimas, siempre pena.

De cada cual y quien depende
aprender lo aprendido,
enfrentarse con coraza al frío,
o ser un ser débil e incomprendido.

EL REDESCUBRIMIENTO DE LOS SENTIDOS

VISTA

Toda una vida mirando sin ver,
toda una vida intentando descubrir
los fotogramas que el día
se limitaba a exponer.

Tuviste que existir,
para mirar por tus estrenados ojos,
para dejar de mirar sin sentir,
para observar la belleza y desechar los despojos.

OIDO

He oído de todo,
no he escuchado casi nada,
no supe encontrar el modo
de separar el ruido de la música deseada.

Tuvieron que ponerte en mi camino,
tuvieron que ayudarte a ser nacida,
poniendo a prueba mis nervios doloridos,
para reconocer en tu llanto el sonido de la vida.

GUSTO

Mil sabores en mi boca,
dulce, salado e insípido el que más,
degustando lo que mi lengua toca,
ningún condimento me pudo (o supo) saciar.

Tuviste que nacer,
para poder saborear,
enseñando a mi *bouquet* a creer
el gusto a mi sangre que desprende tu paladar.

OLFATO

El olor de la lluvia,
el olor de una sola flor,
los olores del mundo,
el olor después del adiós.

Tuve que tenerte en mis brazos,
tuve que acariciar tu piel gris,
tuvieron que abrazarme tus pequeños brazos,
para saber que la vida huele a ti.

TACTO

Muchas pieles rozaron mis dedos,
muchas resbalaron a su vez,
solo una mantengo en el recuerdo,
la que nos dio la vida a la vez.

Tuviste que inundar mi vida,
tuviste que ocupar mi ser,
tuviste que frenar mi huida,
para ocupar el hueco,
para ser por siempre mi minúscula mujer.

ELLAS

Ella lo era todo:
la niñez, la pubertad,
el niño de mamá,
la menospreciada libertad.

Y ahora presa, coaccionada,
miedo a la siempre olvidada,
a perder lo sudado,
limpiando escaleras por horas,
que la lleva de vuelta a la nada.

Miedo a qué elegir,
nadie merece ese miedo.
¿Miedo a morir?
Sinceramente estamos ciegos…
quizás sea eso.

Malditas benditas,
que fraguan en la almohada
los sueños del mañana.

En proyecto

A Rafa Ruiz Mesa,
por intentar engrasar mi oxidada armadura

Falto de las siestas en verano,
carente de pantalones cortos,
el viejo mirador sigue albergando
los sueños de un infante rojo.

Ni la infancia que te robaron,
a fuerza de brazos rotos,
ni el ser huérfano de escuela,
aprendiendo lo que desconocen otros,
se puede borrar de las amarillas fotos.

Con diez primaveras a cuestas
no se necesita cajón de sentimientos,
con diez cardenales en el alma
no se puede estar desclasado
por falta de conocimientos.

Confrontando tu pasado,
de peto de pana,
repasando la corta lista de tus culpas,
con la protección que de la cama dan las sábanas,
una reprimenda personal
se merecerían el hoy y el mañana.

Te siguen escribiendo
en renglones contrapuestos,
sigues saltando sin red
sobre los mismos viejos cuentos,
te siguen matando los que de la vida viven,
solo te añoramos los que estamos muertos.

Cuando la suerte que ansías te golpee,
cuando el camino hacia tus genes no sea tan largo,
cuando pierdan la razón los que no creen,
olvidarás el amargor de los licores más amargos.

Hasta entonces, aunque no la veas,
mi sombra caminará a tu lado,
hasta entonces, aunque no lo creas,
seguirás siendo el mayor de mis hermanos.

ENVIDIA CELESTE

Cabellos oro,
ojos negros,
dientes nácar,
Luna llena.
Luna en pleno estreno,
como llena está mi vida
desde el día en que te tengo.

Manos torpes,
pies guerreros,
redondita cual pelota,
preciosa a cuerpo entero,
por la parte que me toca.

Bendita Afrodita,
diosa de mi casa,
fraguadora de vacíos
inhóspitos de consuelo,
quién pudiera contener los celos
de ver pasar los días como años,
de no poder estar de ti encima
a cada rato,
como encima de ti
cada día están los cielos.

EVITANDO EL OCASO

Espero que la muerte
se haga esperar,
porque si hay algo en este mundo
que de ti me pueda separar,
es ella… y nadie más.

EXTRACTOS PREMATUROS

Aquellas largas tardes,
cargadas de verano caluroso,
aquellas lágrimas de San Lorenzo,
llenas de deseos
en los tejados rotos.

Aquellas mañanas,
limpias de miedo,
aún consiguen unir
lágrimas y ojos.

Aquellos recuerdos lejanos
de pantalones cortos,
de primeras soledades,
de penúltimos despojos.

Es todo el equipaje
que me acompaña
en la linde
del lindero rojo.

Aquellos primeros miedos,
aquel amigo imperecedero,
la unión de los sentidos,
la unión de los secretos,
aquello que ya no tengo
es lo único que anhelo.

FUI, SERÉ

Fui tan pobre
que no tuve más que dinero,
algunos recuerdos y ni un te quiero sincero.
Fui tan rico
que tenía en la nevera
cuatro tranchetes y un pocho limón,
pero aire en los pulmones
y muchos adorados bulevares.

Y volviendo la vista atrás,
siento cierto apego
al lúgubre fin de mes,
al pedir fiado para comer.

A veces es necesario volver atrás,
atisbar el pasado forzado,
saber de dónde vienes,
saber quién fuiste,
y así, más terrenal,
vestirte por los pies,
ahora que tienes la suerte
de poder vestirte.

GALLEGO

Soñando con Evita
en la Casa Rosada,
cambiando el mundo,
que nos recibía.

Pero al despertar,
aún aturdido,
ni yo Perón, ni tan musa Evita,
pero bastó para hacer ruido.

Y qué decir de la otra patria,
qué ignorar, qué empeño,
si solo soy un gallego,
tan boludo como cualquier argentino,
tan oportunidad,
tan espíritu soñante,
tan Cristo Sabina,
tan Dios el Serrat.

GANAS DE VIVIR

Decir Culebrez
es decir compañero,
alma, corazón, hermano,
es calor humano en enero,
es poner la mano en el fuego,
es un cuerpo grande
con sentimientos de benjamín.

Es puro, sincero,
con un mal pasado,
que ha sabido digerir,
un hombre entero,
sin resquicios por descubrir
y un futuro prometedor,
que le ha de venir.

Tiene alma, como la mía,
como yo una esperanza,
como a mí le espera fuera
una cosa delicada y preciosa,
como en flor un alelí,
y un retoño con caballo de madera
al que dirigir,
para que un Culebrez
sepa lo que es vivir
no de cualquier manera.

Ya está cerca el momento,
ya se acaba esta estrechez,
ya se ve, estamos llegando,
a la ansiada Nazaret.

HERMANDAD

Para Amelia,
educadora de malitos como yo

Ocho desconocidos,
un pequeño salón,
con los mismos objetivos
apartando a un lado la frustración.

Aparcando problemas
al ritmo de un mismo son,
sacudiendo la heridas
de un tiempo que ya pasó,
todo ello aderezado con un gran monitor,
que pone el alma en lo que hace,
adecentando su profesión.

Ya somos nueve en el salón.
¿Qué ha pasado?, te preguntas
con curiosidad y admiración.
Muy sencillo: fuimos nueve almas
y un solo corazón.

INSOMNIO Y ABANDONO I

Los cromosomas que me desunen
de la herencia genética de tus hijos.

La ausencia de tu carne,
que anula el alma que compartimos.

La mirada que no he visto,
la voz que no he oído,
ese torrente de tu garganta
que yo no he conocido.

El olor de tu presencia,
el que nunca he olido,
el que asocio a un trozo de mármol,
con flores marchitas
y mal pulido.

Tu presencia impresentable,
tu halo de alcanfor,
tu ausencia inexplicable,
tu vuelta cada año
en el mes nueve más dos.

Vivo de recuerdos
que nadie exporta,
vivo de pesadillas

que cada cual
asume como propias.
Muero porque parece
que a nadie importa
que reencarne cada noche mis neuronas,
en lo que supongo
algún día…
fue tu persona.

INSOMNIO Y ABANDONO II

La noche en que decidiste abandonarme
algo cambió en mi líquido hipnótico,
dejé de oír tu voz
para pasar a un llanto roto.

La noche en que descubrí
el sonido de la muerte
fue la noche en que mi corazón
se hizo al mundo indiferente.

La única ocasión,
la única noche
en que sentí tus lágrimas
y tu dolor,
fue también la primera
y última vez
en que tuve un beso de tu alma,
y en tu último suspiro,
nuestro mutuo y perpetuo adiós.

J. C.

El plano del Edén
no tiene atajos,
ni el Santo Grial
es la panacea ante el fracaso.

Ni los clavos de Cristo,
ni la faz de las Verónicas.
Lo sé, e insisto:
no existen mágicas pócimas,
si no salen de ti mismo.

Pero no seré yo quien te impida
aferrarte al Corán, a una Biblia,
cada cual con su inquina,
pero la salvación está en ti.

Ni en textos apócrifos,
ni en dioses de pacotilla,
pero si te ayudan,
aquí esperaré el milagro,
en mi turbia esquina.

JUICIOS BANALES

Ni soy lo que creéis,
ni tan oveja negra, ni tan de rebaño,
ni tan a contratiempo,
ni me muevo a merced del viento.

Soy alma pensante,
querido por los que me quieren,
cambio de dirección en un instante,
estoy aquí para los que me requieren.

Ni alegre ni triste, sincero conmigo mismo,
ni tan crápula ni tan abismo,
ahora sé del yo al instante,
ahora convivo conmigo mismo.

En el torpe rompecabezas que he de cuadrar,
en la calma del espíritu,
tantas piezas por encajar,
dando señales desde efímero púlpito.

Me lo debo, lo merezco,
bastante sufrí por mi parte.
Escribo por amor al arte,
por mostrar la mitad perdida,
mi merecida segunda parte.

LA DE LA PENA NEGRA

Ella, la paz,
el sosiego, el hasta aquí,
no más.

Cómo abordar en alta mar
a esta bestia, al no pararse
ante la adversidad.

Le debo la vida sin más,
la que me hizo ver,
la que impregna mis sentidos,
con bocadillo en Aliatar.

La luchadora, la de la libertad,
la pócima contra los impuros,
el darme cultura,
la que merece una escultura.

Y a boca llena lo grito,
si no basta mi paladar, lo escribo,
la eterna novia de los desvalidos,
la que es mi mitad, la parte de mi brillo.

Fundadora de castillos,
donde halla cobijo
la fuerte,
la madre de los nunca hijos,
sin pubertad.

LA NIÑEZ

Desde la distancia
puedo ver a aquel niño,
que un día fue
el que lanzaba a sus compañeros,
avioncitos de papel.

Veo el tumulto del recreo,
el correr por los pasillos
a la orden de un bedel.

Veo bocadillos envueltos en papel,
juegos, sonrisas inocentes,
que no han de volver.

Chiquillos bebiendo en fuentes,
para así apaciguar su infante sed,
veo aulas con libretas abiertas,
con anacrónicos libros sin leer,
veo mi pasado,
veo a lo lejos
vagamente mi niñez.

LA SOLEDAD

Este buscarte en cada cosa que huelo,
este morirme en cada hospital,
este ataúd vacío, este eterno duelo,
este miedo, este consuelo,
este no encontrarme en ningún cristal.

Este ayer que es hoy y no tiene mañana,
esta añeja botellita de ron,
esta maldita vida insana,
esta piel de esta manzana,
este maleficio, maldito del maldito amor.

Saber que salgo para añorar mi soledad,
saber que te odio tanto, que yo mismo me espanto,
saber que salgo con el miedo a volverte a encontrar.

Esta amargura sin duelo ni quebranto,
este no tenerte ni aun a flor de piel,
este no tenerte cuando te tuve tanto,
este seguir de frente cuando el futuro se llama ayer.

Este estar contigo en ninguna parte,
buscando pupilas por la avenidas,
buscando el arte no escrito de sin querer olvidarte,
intentando pulir las joyas mal pulidas.

Y así seguimos, ni yo olvido, ni tú recuerdas,
ni yo te busco, ni tú me encuentras,
sin saber qué quiero, sin saber qué piensas,
sin saber que en este odio siguen tus promesas.

Ni te culpo ni me exculpo de las torpezas,
ten seguro que ni te extraño, ni me compensan
las incontables noches en vela
en las que sentí tu piel en cabeza.
Sólo sé (y lo sabré siempre)
que tropezaría mil veces en la misma piedra.

Saber que salgo para añorar mi soledad,
saber que te odio tanto, que yo mismo me espanto,
saber que salgo con el miedo a volverte a encontrar
y sufrir tu frialdad.

LÁGRIMAS DE MÁRMOL

Hoy mis pasos
me guiaron a campo santo,
vi cruces y nichos de antepasados,
de amigos perdidos, no olvidados.

Paseando entre grava,
esquivando soledades,
observé la levedad del ser,
de lo efímero del antes de ayer.

Hasta que me topé de bruces con tu morada,
vi tu foto viva para imaginar la nada,
las lágrimas brotaron,
no había manera de controlarlas.

Te dije cuatro palabras,
que en vida no tuve el valor,
me fumé un cigarrillo,
y su humo me sirvió de escapada.

Ya en la noche, sin nada que hacer,
en mi deshecha cama
pensé en lo sucedido,
y sinceramente no sé qué deshacer.

LIBERTADES

Desde la silla donde escribo
observo y encuentro demasiadas soledades,
fotos de parientes en blanco y negro,
de los que poco o nada sé.

También veo tazas de porcelana,
que con esmero colocó mi muerta madre,
minúsculas sillas de mimbre,
y recuerdos inundan mi mente,
como quien molesta a un enjambre.

A la izquierda un vacío irremplazable,
una ventana que da a la calle,
donde pasan mujeres con la compra
en bolsas reutilizables.

Escribo en la parte que me asignó un notario,
en la casa que abandoné por libertades,
donde hui de las tardes de rosario
por vivir a base de latas de calamares.

LIDIA

Ella, tan tarta de fresa,
ella, tan tiramisú,
ella, tan salir de la pobreza,
ella, más bien tú.

Ella, helados de autor
para calurosas tardes.
Yo, sumiso de su labor,
guiando a hidalgo sin caballo,
siempre la primera para afrontar
un nuevo dos de mayo.

Ella, puro y limpio corazón,
madrastra de mi princesa,
en un café de autor
sé que no lo dejaras lindar
en la fina linde de la tristeza.

Tú, tan innovar,
tan fiel, tan leal,
sin resquicios en los que buscar,
solo temple y saber estar.

Cuida a mi escudero,
tan pozo sin fondo,
tan amor imperecedero,
lo sabes, pero te lo digo: te quiero.

Tu nombre lo dice,
estás predestinada a las cinco de la tarde,
siempre al quite,
cuando el ruedo del café arde.

LLANTOS Y QUEBRANTOS

Amor, dolor, ¿sabrías la diferencia?
Ambos eternos, sublimes, amenazadores,
inseparables como nuestra incompetencia,
ambos inevitables como los inevitables atardeceres.

Pero todo lo que sube baja,
hasta la pasión y el descontrol,
como plateado filo de navaja
como luz de gas que alumbraba
en cien bancos nuestra pasión.

Y la vida sigue,
con tropiezos y quebrantos,
y tu sombra me persigue,
y los adioses son un desperando,

y lo peor: no sé hasta cuándo.

LO ESPERADO

Ni tuve ni persigo,
ni pido ni expreso el auxilio,
ya duermo tranquilo,
aunque no sea contigo.

Qué esperar de un malito de extremaunción,
de un gualtrapa, un poquito cabrón,
pero soy fiel a los fieles,
a los de poquitas gilipolleces.

Exhalo mi culpa y el daño del pasado,
vocifero las penas causadas,
cicatrices de años
que perdonan los bien criados.

Ni pido perdón ni lo merezco,
ni me quitan el sueño los comentarios,
solo tengo paz y es lo que ofrezco,
la inquina y la maldad borré del diccionario.

Lo merece

Acepto el chantaje
de que me mantengas vivo,
de seguir dando coletazos
con mi nuevo traje.

Acepto el chantaje,
apreté demasiado mi bagaje
he comprendido que es más fácil sobrellevarte
con miedo y ligero de equipaje.

Acepto la extorsión
de obligarme a vivir la vida,
de retrasar la irretrasable huida,
solo porque vivo en alguna canción.

No quiero dormir en el túnel de las resonancias,
ni hacer de los hospitales mi segunda residencia,
prefiero ser constante en la constancia,
ante el infierno prefiero oponer resistencia.

Todavía hay novias esperando altares,
libros que leer, historias que contar,
jugármela en temerarios juegos malabares,
la pálida dama ha de esperar.
Es la vida y está bien… sin más.

LO NOTO

Cuando ves a la muerte
frente a frente,
nos queda el presente,
que ya es suficiente.

Pero quedan muchas cosas,
somos unos privilegiados
en este mundo dislocado,
cosas que no hay que pagar al contado.

Vivimos tanto que nos saciamos:
Sabina, Serrat, Bunbury, Calamaro,
los ochenta, los noventa,
y toda su imperecedera cosecha.

Los libros para mí indispensables:
Borges, Neruda, mi Lorca, el Gabo,
y paro que no acabo.

La transición, el voto,
la tenue libertad de la mujer,
que si Lidia que lo noto,
pero tanto por hacer,
me apunto a tus Hombres G.

LO SÉ

No te merezco, lo sé.
Te deseo, también lo sé.
No hay nada en este mísero mundo,
nada que me haga tanto bien.

Quisiera quererte siempre,
me da igual ser correspondido,
tener mi vientre
cara a cara a tu ombligo.

Para mal o para bien,
pero tenerte cerca,
en mi estropeado corazón,
que da fe.

MADRID DE LUTO

Maldito mes de marzo,
maldito jueves frío,
que destrozó corazones
de cuarzo,
que hizo llegar
la sangre al río.

Malditos ideales,
que hacen de la muerte catecismo,
malditas mochilas,
que cambian saber
por explosivos.

Malditos sean
los que apoyan el cataclismo,
de dar vida eterna
a quien la vida quita.

Maldita sea Atocha con altares,
pero sin novios impacientes.

Maldita sea Santa Eugenia,
con flores negras de sus fieles.

Maldito sea el Pozo,
lleno de lágrimas inocentes.

Benditas sean las almas y las madres
de las doscientas almas ausentes.

MALDITOS DON JUANES

Que nadie ose varear
las olivas incrustadas en tus ojos,
que nadie ose ocultar
tu verdad en sus despojos.

Que nadie intente
desalar la piel de tu futuro,
que nadie merecerá la transformación
del fruto verde al maduro.

Que nadie emprenda la tarea
de hacerte ser lo que no fuiste,
que cada amanecer compartido
no sea la soledad que te persigue.

Que nadie venga a por ti,
que nadie intente comprometerte,
que nadie intente quererte
como te ama este padre inconsciente

«pete».

MARQUÉS

Paseando hacia casa del novio de mi madre,
para devolverle recuerdos
que a mi parecer le pertenecen,
durante el trayecto muchas cosas en mente,
siempre estuvo ahí, por poca falta que hiciese.

Lo vi sereno pero mortal,
creo que un trocito de ella se fue con él,
cabizbajo, sin ganas de vida,
hundido, sin motivación que merezca ser vivida.

Ojos de fina tela
que siempre anuncian lo peor,
el no saber cómo escapar,
y llegué a una inconclusa conclusión:
no hay nada más triste que ver a un viejo llorar.

MÁS PERSONA, MENOS CROMOSOMAS

Azúcar glas,
nuez moscada,
anís estrellado,
y yo a la vera de mi hermana.

Roscos de vino,
pestiños de caña,
soplillos de viento,
todo divino, todo en su mente.

Manos privilegiadas,
lúcida mente,
para tus fervientes penitentes,
hacer del nada un todo.

Se te perdona por mi parte.
Si no existieras, te invento,
más alta, más de todos,
pero ni un pelo menos hermana.

ME OFREZCO

La vida tiene sus fases:
la primera, la cuna,
la última, pedir a la luna,
pero la confusión continúa.

No hay más después,
se te escapará una sonrisa ingenua,
pero el pasado forma parte de ti,
y has de sobrellevar los aciertos, los errores.

No pasa nada, todos cargamos un bagaje,
y ni merecemos la muerte, ni somos peores,
somos fichas en el tablero de los impares,
es la vida con solo poco equipaje.

Si ves un charco saltarlo,
si tu escapada es la nueva aurora,
si te viene grande, estaré a tu lado,
me tendrás siempre en el aquí, en el ahora.

MEDITERRÁNEO

Es fácil hablar desde el desapego,
ni te juzgo ni te entiendo,
pero tú siempre fuiste mi fuerza,
ni te veré en la cuneta ni lo consiento.

Has ganado mil batallas,
posees adentro un ejército,
solo has de mover las tropas,
para ganar tu guerra por completo.

Y creencia, que no es quimera,
que sencillamente puedes hacerlo,
echar a la avivada hoguera,
cansancio, paranoias, liberar, echar afuera.

Piensa que a pesar de los pesares,
aún recibes señales,
lejanas, con mustio hermano,
pero tienes suerte, aún pisas el Mediterráneo.

MELANCÓLICA LUMBRE

Primeras lluvias otoñales,
la gente resguardada en los portales,
el olor de la tierra húmeda,
las gotas muriendo en los cristales.

El fuego devorando troncos ancestrales,
la mirada perdida en las llamas chispeantes,
un pequeño grupo apiñado alrededor,
de un cuadrado rojo de calor.

Silencio puro,
solo viento, solo llamas,
solo el crepitar de las ventanas.

Otoño melancólico,
noche cerrada,
que me llevan al todo
y no me quitan nada.

MENOS ATS, MÁS PERSONA

Eterno gusto musical,
envidia de algunos,
por tener una carrera,
por enfermero de todos.

Con una venda hace magia,
con un tensiómetro calma,
a mí en los momentos de ambulancia, seguridad,
amando el oficio, lo que vale es su verdad.

Envidia le tengo,
no lo niego,
por saber salvar vidas
con una manta y almohada.

No cambies, no te me desmorones,
sigue siendo esperanza de malitos como yo,
con dos cojones,
me sale lo que siento.

Cuando te tuve a mi lado,
creando en el desconsuelo calma,
eso es lo que hace falta,
personas de verdad

que cumplen su labor,
marcando vidas,
creando mitos,
que solo ven en la mañana
los espejos despojados.

MILAGRO Y GENÉTICA

Expresión infante de mis sueños,
extracto de mi sangre
en carne nueva.

Me regala la naturaleza tu presencia,
me roba la noche
compartir nuestra torpeza.

Extracto ambiguo de mi suerte,
expresión palpable
del tiempo que me queda,
seguiré tus pasos
por ver quién eres,
mientras espero y desesperas.

Expresión de lo que no tuve
y debo darte,
extracto de lo que la vida
fue capaz de regalarme.

Reloj biológico que ocupará
las horas que me restan,
a la tan ansiada
y al fin encontrada respuesta.

MIS VIEJAS CALLES

Desde las mustias barandas,
la lluvia se ve caer,
reguero de sucias calles
a la postre limpio amanecer.

El olor a tierra mojada,
la atmósfera pura,
el frío, la humedad,
siempre mi viejo abrigo,
que nunca me supe abrochar.

Y el olor de la criba del trigo,
y los mares sin ciudad,
y el amanecer,
y la insípida soledad.

Los paraguas, las huidas,
solo es agua, solo pureza,
sin miedo a empapar el cuerpo,
el gusto de lo limpio.

El picón del brasero,
la casa, el prestado hogar,
el papel de aluminio,
el volar de los insectos,
el mundo en pluscuamperfecto.

MÓNICA

Tan leve, tan rota,
tan viva, tan azul,
tan breve, tan nunca,
tan fuerte, tan velo de tul.

Tan lista, tan ilusa,
tantos golpes al alma,
tan dejarse llevar.

Tan tuya, tan aleluya,
tan nunca mía, tan alto techo,
tan guardar en mi desgastado lecho,
una copia de la llave de tu pecho.

MÓNICA II

Y si fuese, y si tal vez,
sin un ahora, ni un porqué,
y si es sueño, y si no,
y si se pudiera,
y si no acepto un no.

Y si te quiero,
y si aceptas el porque no,
y si te elijo por temerario,
y si es una sinrazón,
quizá mande el corazón.

Sin tener nada, lo tienes todo,
a tu forma, a tu modo,
sincera y pura,
no sé la razón, pero te adoro.

Eres mi infancia,
mi confidente,
mi falacia más urgente,
la única, rodeado de gente.

MÓNICA III

Tan tú,
tal cual,
tan mía,
tan sin prisa.

Tan presa,
tan libertad,
tan no hallar,
tan soledad.

Tan mis pecados,
tan manta contra el frío,
tan especial,
tan escalofrío.

Tan honesta,
tan despierta,
tan mucho,
tan alerta.

Tan te quiero,
tan mutuo,
tan febril,
tan mes de abril.

MÓNICA IV

Sería estupendo dejarse llevar,
oídos sordos al qué dirán,
vivir solo es eso,
resumiendo en un solo beso.

Los abrazos que necesites
los tengo,
a tu malestar,
una pócima, un remedio.

Solo has de pedir,
estoy dispuesto
al salto sin red,
a echar abajo la pared.

Tienes en tus manos mi vida,
en tu cuerpo mi templo,
y como buen bendito,
un locuaz sendero,
te quise, te quiero.

MÓNICA V

Eres pasión en el colchón,
lumbre que aviva el corazón.
Eres todo a los demás,
nada tuyo tan de todos,
tan azar, tan descontrol.

Estás en mi ventrículo izquierdo,
lo que lo hace bombear.
Eres calma, eres paz,
eres de las rebajas una joya sin más.

Eres la sonrisa,
la pausa precisa, la premisa,
eres divina,
cámbiame el clima.

Crees que exagero,
si miras en mi interior,
verás el desasosiego,
el saber sin saberlo,
la vida, el te quiero.

NO ME ACOSTUMBRO

No me acostumbro a pasear
solo por las calles
de esta gran ciudad.

No me acostumbro a convivir
con el silencio,
ocupando el espacio
destinado a ti.

No me acostumbro a buscar
tus ojos en las mujeres
que veo pasar.

No me acostumbro a recordar,
no me acostumbro a olvidar,
no me acostumbro al florecer de abril,
no me acostumbro a estar sin ti.

No me arrepiento

Perdí todo por tenerte,
no pediste nada por mí,
yo sigo implorando auxilio
de lo que tuve y no perdí.

Nocturno de la Alhambra

Cultura de mi sangre,
sobre una colina verde oliva,
te alzas roja y viva,
imponente testigo de mi vida.

Torre de la Vela,
campana que anuncia mi huida,
quién te vio y no te recuerda,
quién te oyó y no te ansía.

Divina de piedra mujer mora,
quién al perderte no lloraría
del ocaso hasta la aurora,
todas las noches,
todas las vidas.

NOSOTROS

Buscando la belleza,
un sinsentido porque la albergas,
una tontería como tantas en la tierra,
y si no, pregunta al rostro de la alberca.

Bajo el agua siguen las palabras,
las del divino rostro,
las de cuerdas de guitarra,
la belleza que no borra ni lo mohoso.

Dejaré crecer mis cabellos
en cristales rotos,
para narrar la tierra
y sus míseros despojos.

Voces de muerte suenan,
quizá vengan a por nosotros,
habrá merecido la pena,
mejor yo que nosotros,
mejor cardo que azucena.

NOSTALGIA DE TENERTE

La soledad me encuentra solo,
el olvido acompañado,
la vida muerto,
y tú desconsolado.

El ayer pasó mañana,
hoy ha anochecido,
atrapado en la telaraña
que tejes con tu olvido.

Cuando con la pálida dama pasee,
cuando descubra que su nombre es muerte,
habré perdido sin que me desees.

Lo único que echaré de menos,
lo único que me desconcierte
es no haber podido tenerte.

NOVENA AL DESCONCIERTO

El miedo, la angustia, el pan y la sal,
el duelo, el bautismo, te espero, ¿vendrás?
Mañana, pasado, el vino, el coñac,
el novio, el testigo, la suegra, el altar.

Te busco, te encuentro, las lágrimas me hacen llorar,
te olvido, recuerdo recordar el recuerdo de recordar,
te añoro, no lloro por nacer sin lacrimal,
aprendo a no esperarte, a reprimir mi criminal.

Espero sin esperar desesperar,
angustia que siento dominando el vomitar,
el cardenal de mi ventrículo izquierdo,
el vendaje de la sucia realidad.

El arañazo de mi espalda,
tus medias sin desgarrar,
toda la noche en la ventana,
otro tropiezo, otro ojalá.

Las vísceras del miedo,
la verdad de la verdad,
la bofetada del infierno,
las putas del más acá.

El petróleo y sus matanzas,
la autopista de ultramar,
las cartas sin sello ni besos,
el cielo de alquitrán.

El nacimiento de mi vida,
la muerte de papá,
la madre que no curó mis espinillas,
la muerte de lo familiar.

Todo lo que no tuve y me quitaron,
todo lo que me quitaron sin poseer,
todo lo que guardo en el alma
está guardado bajo mármol de Macael.

No me quedan primaveras que empiecen un mes de abril,
no quedan en la almohada sueños por cumplir,
no queda esperanza de volver a estar en ti,
no me queda más futuro que el que quieras compartir.

OPORTUNIDADES

Qué malvado es el miedo,
el miedo a uno mismo,
descubrir de tu ser lo cierto,
quitar caretas al abismo.

Pero a veces sucede,
hay que hacerlo, ser valiente,
pues esto no es un ring de boxeo,
ni apenas se le parece.

Se trata del alma, de verdades,
de vomitar lo acumulado,
de salir de la jaula, de libertades,
de sentirte a tu vera, a tu lado.

Miedo, por supuesto, yo lo tuve y mucho,
pero me valió para salir del pozo,
para saber que aún poseo cartuchos.
He echado afuera lo reprimido, que esto vuela,
y mereces vivir contigo y tu gozo.

PALACIOS 10

A Mari Carmen Núñez,
por la infancia y los cromosomas,
por ser menos hermana y más persona

Entre un cielo betún
como tu mísero azar,
y un suelo gris,
como me dejaste al marchar,
las piedras de Varela
me preguntan por ti,
sin tu estar.

Dime qué respuesta dar,
si todo me huele a ti,
qué salida tomar,
si tu aliento me sigue
y me parece oír
en todo cuanto veo y toco,
haciéndome recordar
que tu esencia vive aquí.

¿Cómo explicar tu huida
y mi melancólico caminar,
esta nostalgia indefinida
este estar contigo sin estar,

esta esperanza desnutrida,
esta mi vuelta atrás?

Aquellos callejones
que odias y adoras
ahora de ti quieren saber,
esos mismos que lloras y añoras
se desmoronan al no volverte a ver.

Los que amas se mueren,
los que no te siguen recordando,
a otros morir les duele,
y los demás esperando,
¿Hasta cuándo?

Aquí yacen, entre tendederos,
suciedad y gatos,
tu libertad y tu muerte,
tus miedos, tu sombra,
todo lo que te quitaron,
todo lo que ahora te tomas.

También recuerdo paredes,
y bajo capas de blanca cal,
que tu firma llevan,
se pueden encontrar manchas de zumo,
simulando sombras
que sólo tu recuerdas,
se percibe un hálito extraño,

sordo y mudo… lejano,
de infancia y niñez.

Dos pequeñas puertas color azul
frente a mí se abren paso,
en una se puede leer «melancolía»,
en la otra, «imaginación»,
y con letras doradas escritas junto al pomo:
«Mire por la rendija si mantiene infancia e ilusión,
podrá ver un saloncito rosa, con piano
y alguna discusión».

Yo lo he visto, lo prometo, sigue allí,
el mismo que un día ya lejano,
le enseñaste a un niño que lleva,
cuarenta años en tus brazos.

Mas abajo ya en la calle,
a lo lejos el portal,
carne de gallina en alma y corazón,
que no cambia el ayer por el mañana,
ni mi soledad por tu malecón.

PAREN LA NORIA

*A Javier Cruz Sevilla,
por recrearme la movida*

Por el miedo a la tristeza,
por seguir vivo ante la muerte,
que nos asesina,
por tragarte con hueso la oliva,
por compartir trinchera en la guerra
que los lunes se avecina.

Por desechar los cromosomas
que te harían más hermano
y menos persona,
por perdonarme el pecado
de ser inmigrante en la ciudad
que hemos fundado.

Por compartir la poesía,
por ser un poco «Loco y Troglodita»,
por marcar el 091 sin avisar a la policía,
por compartir «Los Secretos»
que se dan y no se quitan.

Por hacer caliente el frío granito,
por no dar importancia a mis mareos,
por hacer de tu descanso un día infinito,
por guardar a buen recaudo la llave
«Del sitio de mi recreo».

Por pasar más de una noche en el infierno,
alimentando las fosas nasales,
los dos recordamos ese invierno,
viendo amas de casa con la compra en los portales.

Un día, insatisfechos de insatisfacción,
bajaremos de esta noria,
un día reventaremos el perdón,
un día no haremos de sumisa novia,
entonces andaremos el caminito
que va «Camino Soria».

PASADOS IMPERFECTOS

Abanicos de alfileres,
piercing en el ombligo,
oscuros amaneceres,
jugando con el peligro.

Andar deambulante,
sucia la consciencia
de dormir en cama ajena,
esa era la rutina constante.

Olores desconocidos,
fraguando el destino,
jalonando el camino,
que al alma causaba frío.

Ni escarmenté ni me arrepiento,
ni deshago lo construido,
otros tiempos vertiginosos
de análisis positivos.

Ahora todo son recuerdos,
vagos destellos de la mente,
ahora todo es lejano,
lo único cercano… la muerte.

PECADOS ATEMPORALES

Echo de menos
tus labios encarnados,
que me desquician,
virgen de los pecadores desahuciados.

Y tu vientre frío,
ombligo que invita a la vida
justo antes de la huida.

Y debajo, jardín de las delicias,
por el que cambiaría todo su oro,
el mismísimo rey Midas,
y es que eres lo más bonito
que hizo Dios por ser Cristo.

Pequeño cuestionario nocturno para la princesa Paula

En esta noche de luna lunera,
en la que no quedan estrellas fugaces,
ningún bálsamo te alivia,
nada acorta la espera
de que Morfeo te acune en sus brazos,
de que esta noche amanezca.

Quisiera de tu insomnio encontrar la cura,
inventar la panacea,
la piedra Rosetta de tu vocabulario,
que nos libere de esta nocturna locura,
que me enseñase el camino
de la vuelta al parvulario.

Así, en igualdad de condiciones,
en el patio, a la hora del recreo,
entonaremos mis viejas canciones,
intentaré hacerte creer que creas
en lo que yo no creo.

Y tan seguro estoy, sin querer estarlo,
de que este pasatiempo no te complace,
que te propongo un juego para reemplazarlo,
principiemos por el principio,
¿te satisface?

Juguemos a que seas ciudad,
grande, pequeña, cultural, olvidada.
Para, no sigas,
contén tu verborreico raudal,
sería la mágica, la soñada, sería…
Granada.

Juguemos a seguir jugando,
a que seas animal,
fiero o manso,
doméstico o salvaje.

Sería nerviosa mariposa,
primero oruga trivial,
con dos falsos ojos en mi cuerpo,
imposibles de descifrar.

Continuemos con el pasatiempo
de preguntar por contestar,
preguntas que a tu imaginación
no le molesta acompañar.

¿Qué perfume emanaría tu cuerpo?
¿Quizás el de la flor del rosal?

Mi piel no tiene espinas,
te vuelves a equivocar,
ni el rosa es mi color,
ni un florero mi hogar,
quizás sería margarita sin desojar,
por no necesitar respuesta
de lo que me quieren mis papás.

¿Y si preguntara un alimento?
¿Simple bocado o fausto manjar?
¿Qué elegirías:
la cena del pobre
o el rico caviar?

No creas que dudo,
si dudo en dudar
entre la rica cena del pobre,
o el milagro del pecho de mamá.

¿Y si revisáramos el arte?
El séptimo para empezar,
¿Qué argumento te destinarías?
¿Qué personaje a interpretar?
¿Qué lugar ocuparías
en el arte del soñar?

No creas que me confunden, ni focos,
ni corten, ni el repitan, ni a rodar,
sería un actor al actuar,
una actriz de las de saber llorar,
sería una película sin final feliz,
simplemente una película sin final.

Bajemos del cielo de las estrellas,
al suelo de pisar,
¿Qué serías si fueses mineral?

No sería moldeable,
en la arcilla ni pensar,
tampoco dura y tosca,
por lo cual el granito y similares
debemos descartar,
no me atraen otras pocas,
ni pirita, ni cuarzo, ni pizarra,
ni todas las demás,
la única por la que me decanto
es por un trocito
de la Piedra Filosofal.

Preguntemos por un libro,
por una obra inmortal.
¿Qué texto llegarías a ser?
¿Qué librería te gustaría engrosar?

El único manuscrito que adoro,
el único que ansío redactar,
es el que llevo adentro,
con un principio,
sin un final.

Este juego se está alargando,
como un pentagrama
sin notas que plasmar,
pon tu alguna que no desentone
con lo expuesto aquí detrás.

En este tema me lo pones fácil,
tan fácil que no sé contestar
una respuesta que responda
respondiendo la verdad,
cualquier sonido que me haga
o me hizo llorar.

Y un sentimiento,
pequeña princesa,
¿qué sentimiento te gustaría exportar?

Simplemente cualquier sentimiento
que hiciese a los hombres traspasar
las fronteras de la soledad.

Finalicemos este juego,
este juego del jugar,
un momento, dime un momento,
el que quisiste conservar.

Sin duda, el momento del nacer,
el poder hacer que dos personas
rían llorando a la vez.

PEQUEÑA Y GRANDE

Agobios de pubertad,
sin razones que des-razonar,
hormonas que salen a la vida,
a flor de piel.
¿Qué hacer? Nada, dejarlas correr.

Impotencia de no ver salida,
tan perdida como yo,
tan mía, tan de todos,
tan fría, tan madura,
que da pavor,
te ayudaría sin saber cómo,
sin derecho a replicarte.

Te tuve años perdidos,
te perdí por inconsciente,
la amo sin ser niña,
pero fui un incompetente.

Los cimientos se pudrieron,
el tiempo hizo el resto,
la vida me devuelve lo sufrido,
pero hasta entonces,
mi niña es mujer y yo…
sabiduría y saber recomponer.

PIDO PERDÓN

Te tuve y te perdono,
te perdono sin saber,
que mi perdón compense
todo lo que te hice perder.

PRINCESA POR REINAR

Me perdí tu pubertad,
tu madurez, tu tal cual,
ambos lo hemos pasado fatal,
no volverá a pasar con tu juventud fugaz.

Aquí me tienes a corazón abierto,
a punto para enmendar el pasado,
para estar el resto de mi vida a mi lado,
para ser lo que juntos soñábamos.

Para la experiencia, aunque debes tropezar,
sé a ciencia cierta que te levantarás,
que tienes una base, unas alas,
que tarde o temprano desplegarás.

Estaré a tu lado al volar,
no te dejaré caer,
no te fallaré más,
solo quiero poder disfrutar
de ti, de tu halo, de tu libertad.

PRINCESA

Bastó una fría tarde,
bastó verte acercarte,
para hacer de un instante
una vida entera.

Tan madura, tan cultura,
tan unidos comprando maquillaje,
tan de la mano, tan tu pelo,
solo tú sabes a lo que me refiero.

Y volver a la despedida como antaño,
cuando lloramos de impotencia,
cuando las lágrimas nublaban el asfalto,
pero esta vez eran lágrimas de alegría,
de saber que eres y serás la mujer de mi vida.

PRUEBA DE FUEGO

He pasado tanto miedo,
he estado tan aislado,
he sabido saber lo cierto,
pero siempre a tu lado.

He visto a jubilados huir despavoridos,
es duro, hay que estar ahí,
yo lo he estado,
lo tenía que hacer
y me siento afortunado.

Dejé atrás el pasado,
purgué mis tropiezos,
algo que elegí y buscado,
pero, aun cautivo, hallé un te quiero.

He visto ahorcamientos,
jóvenes tirando la toalla,
pero persistí,
por eso me encuentro
hoy aquí.

No hay fórmulas mágicas,
ni milagrosa panacea,
está en tu interior
quererte a tumba abierta,
saber que has sido una mierda.

Yo volvería mil veces,
pero ya tuve bastante,
estoy en mi yo constante,
ahora sé lo que es mi ninguna parte.

PUNTOS CARDINALES

Entre la neblina del amanecer,
mis torpes piernas me conducen sin saber
hacia recónditos rincones de un pueblo blanco,
donde ya lejana tuve una especie de niñez.

Sigo avanzando por estrechas calles,
enfocando mi miopía en portales,
en unos vislumbro primeros besos,
en otros penúltimas soledades.

Al final debo sentarme,
para digerir tan insípido bagaje,
lo hago en el banco donde te esperaba cada tarde,
a admirar tu belleza como solo sabe hacer un infante.

Atrae mi mirada un viejo sauce,
al cual hay que acercarse,
para ver aún talladas nuestras iniciales,
cuando aún no nos habían separado
los cuatro puntos cardinales.

Purgatorio de los vivos

Hubiese querido vivir aquel ayer,
hubiese querido estar en mi pellejo,
hubiese querido ser sietemesino
en aquel séptimo mes
de tu muerte y desconsuelo.

QUIRANTES

Era noche de blanca luna,
labios sangre,
viviendo en el alambre,
ojos aceituna.

En la cama hoguera,
en la calle volteo de cabezas,
en el salón besos salados,
en el baño pintura de Tiziano.

Era alma sin armadura,
calma, pasión, cordura,
guardapolvos bien llevado,
paseando cogida de mi mano.

Era mariposas en la barriga,
llamadas en una antigua cabina,
interminables noches de huida
con banda sonora de Sabina.

RADIOGRAFÍA DEL ALMA INEXISTENTE

Y si pudiera…
reconstruir lo destruido,
Y si tal vez
recuperara la memoria del olvido.

Tal vez añoro lo que nunca tuve,
ansío lo que he destruido,
tal vez no basten las malas artes que tuve,
tal vez merezca la muerte escondido.

¿Y ahora qué?
Las frías sábanas,
el amanecer escondido,
todo alrededor sin sentido.

No sé qué hacer,
para luchar contra conmigo,
no tengo el elixir de des-corromper lo corrompido,
muero solo de recuerdos y frío.

Me enfado conmigo mismo,
he aceptado la derrota,
la miseria humana me pudo,
vivir con las piernas rotas,
no acepto la estrechez de este embudo.

RÁFAGAS DE VIDA I

A ti te hablo,
pequeña usurpadora de mi sueño.
A ti te digo,
reductora impune
de mi misera caja de caudales.

A ti te debo
el seguir viviendo estando vivo,
la vida que desprendes a raudales.

A ti te juro
que cuando asomo tu pequeña cabeza,
por su vientre dilatado,
cambie tu futuro
por mi pasado.

RÁFAGAS DE VIDA II

Mil veces imaginé tu rostro,
otros cientos tu pequeño cuerpo,
y a estas alturas he de reconocer
que no imaginé tanta belleza,
que tuve poco acierto.

Cuántas noches soñé tu risa,
cuántos días tu pataleo,
cuántos atardeceres sin prisa
soñé hacerte trenzas en el pelo.

Sin embargo, no sé cómo
lo que nunca me brindó,
mi cómplice almohada,
fue a dos vidas, unidas sin remedio,
por una primera mirada.

RÁFAGAS DE VIDA III

Minúscula unión de dos destinos,
grandiosa prueba
del amor de dos personas
inunda mi tiempo,
señalándome el camino,
desborda mi muerte
con la vida de tu aroma.

Diminuta caja de deseos,
inmenso cofre de recuerdos,
ata mi destino a tus huesos,
no desates el nudo
que une nuestros dedos.

Pequeñito manojo de nervios,
no te pierdas nunca de vista,
pues quedaría sin destinatario
el destino de mis sueños.

RAÍCES

Todos lo hicimos o soñamos,
buscar nuevos horizontes por descubrir,
dejar atrás lo de antaño,
irnos del hogar para vivir.

Creyendo en la libertad
que habitaba fuera del pueblo,
buscando la gran ciudad,
dando el visto bueno al destierro.

Pero siempre quedan raíces,
un vínculo que te une a esa tierra,
no todo va a ser comer perdices,
al final todo es la misma mierda.

Al final fantasías banales,
caras con máscaras de carnavales,
podrás atracar en mil puertos,
pero uno es de donde
tiene enterrados a sus muertos.

REMEDIOS IRREMPLAZABLES

Adelantada a su tiempo,
brújula de lo que es ser mujer,
luchadora innata a voz en grito,
ante ti, aunque tarde, me quito el sombrero.

Haciéndome explorar nuevas músicas
a través de anacrónicas ondas,
después de servirte tantos cafés,
cosas del destino,
nos unió «El caso de la rubia platino».

Por ser para mí el paradigma de persona,
transparente como nadie,
sin dobles fondos ni dobleces,
en tu caso no se cumple eso
de que cada uno tiene lo que merece.

Gracias por la piscina en Los Cerezos,
gracias por la inteligencia y la razón,
por tener meriendas de Julia con salados besos,
mil gracias te grito desde la bancada
de mi melancólico corazón.

REPROCHES HACIA EL CIELO

De cuando no te conocía,
aún conservo
el álbum amarillo,
de los recuerdos.

De cuando no te conocía,
aún desecho
algunos aspectos,
algunos hechos.

De cuando no te conocía,
aún intento
dar luz a la oscuridad
de mis comienzos.

De cuando no te conocía,
aún rechazo
no achacarte la culpa
de mis fracasos.

De cuando no te conocía,
solo conozco
un metro de frío mármol
y una foto gris examinándome
con rasgos toscos.

ROPA AL SOL

Desde el balcón verde y marrón
oteo el horizonte,
veo un sol devorando nubes,
poco a poco las espanta,
solo queda como muestra
un pequeño nubarrón,
que prevee que este día
podré desempeñar mi labor.

Viejas cuerdas son mi ayuda,
viejas pinzas mi herramienta,
y mis torpes manos con tesón
para desempeñar tan noble acción.

Así, día tras día,
a la que ahora es mi familia
visto de limpia pureza de algodón,
para que sueñen sus sueños
en sábanas limpias que secó el mismo sol,
dando rienda suelta a sus fantasías,
a su futura recuperación,
solo eso es lo que anhelo,
solo es esa mi misión.

SALA BLANCA

Sala blanca, blanca y pura,
como niña de primera comunión,
mesas blancas, blancas sillas,
todo dispuesto para la expresión.

Expresar los sentimientos,
sensaciones, vivencias del día a día,
ruido de puertas y cajones,
buscando con lo que rubricar
tanto tristeza como felicidad.

Suenan teléfonos,
se levanta un mar de cabezas,
con la esperanza de que la voz que pregunta
les suene familiar.

Caras serias, mucho que recordar,
demasiados sentimientos
en esta burbujita de cristal,
nos habremos de concentrar.

Ya es hora de entregar
en frío y blanco papel
lo que de ti desean conocer,
ruido de bolígrafos al golpear las frías mesas,
esas que eran blancas, a la postre turbias,
hasta un nuevo amanecer.

SALVACIÓN

No reniego de nada de lo que he sido,
quemé mis naves una noche,
se quedó sin flechas mi torpe Cupido,
pero no es tiempo de reproches.

Ahora toca dar las gracias a los que creyeron
en ser justo queriendo a los que han estado,
esperando al que fui un día,
les debo la fuerza que me siguen brindando,
después de estar fuera de la pesadilla, del milagro.

Ahora tocan demostraciones banales,
quien me conoce no las necesita,
con mirar a través de mis ojos,
ven claramente que no quedan más que rastrojos.

Pero si no bastase con ello,
aquí sigo luchando día a día,
exorcizando mil demonios,
con cosquillas en el estómago,
viendo pasear de la mano a novios,
pero no más penas,
izaré con brío solo la bandera
en lo más alto de la Torre de la Vela.

SANTA CRUZ

Nunca creí en dioses paganos,
y ni pensar en los aceptados,
pero sí creo en cruces en apellidos,
que no hay que hallar en monte Calvario.

Creo en lo terrenal,
en la sincera amistad,
en lo que me ofrecen las personas,
en gente que comparte conmigo,
sin saberlo, millones de cromosomas.

Ellos saben quiénes son,
me llevan acompañando años,
llantos y quebrantos,
risas, confidencias musicales,
sin un reproche, solo aliento,
en las mustias noches del desconsuelo.

No me duelen prendas
al decir que los amo,
que nada dado de lo compartido
ni fue ni será en vano.

SEGUIDILLAS DE LA PÉRDIDA

Quisiera ser tu destino,
quisiera ser tu destino,
para así estar *toa* la vida,
a tu vera en el camino.

Quisiera ser tu farol,
quisiera ser tu farol
pa' alumbrarte *toas* las noches,
antes de que el alba
irrumpa en tu balcón.

Quisiera ser tu licor,
quisiera ser tu licor,
pa' embriagarte la cabeza
y nublarte la razón.

Qué pena no ser mañana,
qué pena no ser mañana,
pa' posarme cual rocío
en el quicio de tu ventana.

Qué triste es el desamor,
qué triste es el desamor,
nos queremos, nos odiamos
sin saber bien la razón.

Qué suerte tu vestidor,
qué suerte tu vestidor,
cada una de sus prendas
impregnadas de tu olor.

Ay, qué penita de mí,
ay, qué penita de mí,
estoy muriendo sin morirme
a un solo paso de ti.

Le pido cuentas a Dios,
le pido cuentas a Dios,
que permite que te pierda
y que pierda la razón.

Cuando vengas a mi ataúd,
cuando vengas a mi ataúd,
recuerda lo que te quise
y si me quisiste tú.

Señales de vida

Regálame una de tus risas,
dame un pequeño soplo de vida,
de los que emite tu rostro,
destroza con un beso
a este corazón que palpita
por descubrir cada uno de tus gestos.

SOLEDAD

Soledad tan solitaria,
tan febril,
tan madura,
tan mi Joaquín.

Tan virgen,
tan de mí,
tan obstáculos,
tan llenando,
vacíos habitáculos.

Tan ramos de flores,
tan Guardia Civil,
tan contenedor,
tan por ti,
conteniendo todo,
excepto el amor.

Tan serás esa,
tan lejana,
tan tierra de por medio,
tan ya, tan bonito,
tan sin infinito.

SOLEDAD II

Hoy pasé por tu puerta,
vi las lúgubres escaleras,
la última vez que las subí
fue por forzada despedida.

Vi tus lágrimas,
mi desconsuelo,
mi cobarde huida,
vi lo arrepentido.

Qué hubiese sido…
¿Tú lo sabes?
Yo sí lo imagino,
la perfecta madre de mis hijos.

Recuerdo los balcones,
que en la distancia uníamos,
las rejas del instituto,
obligándonos al olvido.

Ojalá hubiese sobrevivido,
era tan hermosa
la sombra del Almencino,
sentir en la nuca tus suspiros.

SOLEDAD III

Sol del mar,
no por casualidad,
por ojos océano,
por espuma de olas
que vienen que van,
por el sabor a sal.

Era la vida en su totalidad,
la febril espera,
que a la menor oportunidad,
nos besábamos con miedo a un final.

Qué más decir…
la eternidad en su abrazo,
el descubrimiento de la verdad,
pero de nombre Soledad.

Nos hemos vuelto a ver,
nos faltó la almohada,
lo demás, para mí, intacto,
nos faltó la chispa adecuada.

SOLEDAD IV

Nos vimos hace un tiempo,
una llamada,
no dudé un instante,
para reencontrarme con tu mirada.

Tan bella como siempre,
tan ojos impenetrables,
tan dura, tan valiente,
tan falto el mundo de tu gente.

Todo distendido,
pero era irremediable,
el sabor de tu boca
me trasladó a demasiados instantes.

Luego, acompañada en la cena,
puse una canción de nuestras vidas,
volteaste al segundo la cabeza,
me sentí pleno al ver que recordabas
nuestros recuerdos y escapadas.

SOLEDAD NO BUSCADA

Cabeza gacha,
piel morena,
solo lo puesto
y una ilusión.

Mal pasado que arrastraba,
intentando hallar aquí
una redención,
demasiado lastre para un solo corazón.

Sábanas verdes le ofrecí,
verde esperanza las acepto,
en ellas soñó sus sueños,
en ellas al monstruo que le atormentaba
noche tras noche alimento.

Con esmero hizo su cama,
como tabla a la que aferrarse
en alta mar.
Solo pedía ayuda,
quizá la que no se le supo dar.

Sábanas verde esperanza
ahora color putrefacción,
de su humilde cuarto
hizo un panteón,
la vida le tendió la mano,
pero la muerte esta vez venció.

Solo-mago

A Pilar del Río, por ser

Sumido en una ceguera blanca,
perpetua, audaz, sin sombras,
para ver claramente la caverna de Platón,
me dupliqué en el hombre que era yo.

Embarazando a Marta Madruga,
en un torpe cerco a Lisboa,
me escondí en el memorial de un convento
con ancestro de manual de pintura y caligrafía.

Pero el evangelio era según Jesucristo,
donde hallé todos los nombres,
aferrándome a una balsa de piedra,
donde el hombre halla la verdad del hombre.

Y me perdí entre infames elecciones,
y me hallé viajando con elefantes,
aullando como un vulgar coyote
en cualquiera de los cuadernos de Lanzarote.

SOLTANDO LASTRE

A mi tutora Antonia, por su implicación

Tanto tiempo perdido sin encontrarme,
tantos oídos sordos a consejos inaceptables,
tantos miedos a los que enfrentarme,
todo en saco roto, todo por engañarme.

Tantos intentos fallidos, tanta desesperación,
sin puerto a la vista en el que atracar,
un barquito a la deriva en alta mar,
tirando la toalla en mil y una ocasión.

Dando la salud por perdida y la vida en general,
encontré un resquicio,
un rayo de fe entre tanta oscuridad,
me aferré a él como mi última oportunidad,
di las gracias a Dios por acercarme al umbral.

Desde entonces veo una salida hacia la libertad,
un nuevo horizonte que resplandecerá,
unos nuevos sueños de los que disfrutar.

Gracias a una persona que me cura el alma
con solo hablar,
una gran mujer que cada noche
me cura los granitos de mi nueva pubertad.

SOMNOLENCIA

Anoche soñé que soñaba
los sueños del mañana.

Hoy desperté despertando
y, al despertarme, los sueños
humedecieron mi almohada.

SONETO SIN MÉTRICA AL DESCONSUELO

Cuántas veces
bajo la luna llena
de mi pequeña alcoba
he jurado no soltar el lastre
de la pena que me asola.

Cuántas veces,
a punto de quemar las naves,
tu sonrisa ha pedido auxilio
a los dioses de los mares.

Cuántas veces
no ha tenido solución el naufragio,
y aferrándose a una tabla,
mi corazón y yo a solas,
ha venido tu mirada a rescatarme
de nuevo de las olas.

SUEÑOS DE TU INFANCIA

Ojitos de estrella,
boquita de nácar,
quién pudiera vivir la vida
que de madrugada
tus sábanas guardan.

TALENTO NÓMADA

Para Javier Heredia,
por la implicación, por el corazón

Pueblo gitano, pueblo de Federico,
pueblo castigado por intolerancia e incomprensión,
no se puede aglutinar tanto talento
en tan pequeña población.

Qué sería de nuestra cultura
sin su compás, sin su pasión,
dejemos a un lado el manido tópico
del delincuente, del pícaro, del ladrón.

Quedémonos con sus artistas,
con sus Nobeles, sus médicos, sus políticos,
con la impronta en cada baile, en cada *quejío,*
cual volcán en erupción.

Con sus Tarantos, sus Montollas,
con los Morentes, los Tomatitos,
mis Heredias, los Cortes,
los Flores, los Farruquitos,
con los que nos deben desaprender,
con la pasión que emergen,
cual del océano un iceberg.

A todos nos corre la misma sangre,
color rojo bermellón,
todos nacimos de una madre,
virgen o no,
pero todos sentimos latir el corazón.

Dejemos ya de atacarnos,
de hipocresía y represión,
miente el que diga o afirme
que alguna vez no se estremeció,
con una soleá de Camarón.

TAN ABRIL

Tan Lorca, tan Neruda,
tan Alexandre, tan alambre,
tan dos latas en la nevera,
tan a mi manera.

Tan crápula, tan inestable,
tan agobio, tan variable,
tan falsa dureza,
tan rebuscar en la corteza.

Tan borracho, tan amigo,
tan amante del olvido,
tan melancolía, tan alegría,
tan niño, tan cofradía.

Tan ello, tan todo,
tan mar, tan lodo,
tan dado de mi parchís,
quién coño me ha robado el mes de abril.

TAN CHICA DE AYER

Tan de ayer,
tan Rut tan tú,
tan pomelo al desvanecer,
tan chica de ayer.

Tan pura, tan suéter blanco,
tan Pe, tan Cruz,
tan a flor de piel,
tan ahora, tan ayer.

El despertar,
la perdida,
el acontecer,
el después.

La niña de mis ojos,
tan príncipe azul,
tan de nadie,
tan de aquel.

Tan segundas partes,
tan la vida,
tan sustancias,
tan última huida.

Tan mía, lo sé,
tan tuya, también,
tan guapa,
tan mujer.

TIEMPO DE CEREZAS

Fue hace tiempo,
pero fue ayer,
es conectar con unos acordes,
es como refinar tus toscos bordes.

Pasan años sin pasar,
con una mirada todo está donde ha de estar,
es difícil de explicar, pero es nuestra verdad.

Le debo tanto, le añoro en el día a día,
que no me vale el oro del Perú,
es paz, pureza, alegría, guía,
es la vida vivida en otro tú.

Cuando no hay puertas de salida,
él posee la llave maestra,
si piensas en la huida,
él senderos recónditos te muestra.

Es un vínculo extraño, por eso es valioso,
es saber lo que vamos a pensar con certeza,
no se trata de ser vanidosos,
es llorar en el «tiempo de las cerezas».

TÚ

Eras, serás,
te tuve, no firmé,
pero hay más,
ahora toca olvidar.

Intentar rememorar
una cuenta atrás,
un sin fin, un comienzo,
un segundo de vil atrezo.

Valió la pena
el morder tu labio,
ser actor en el escenario,
de no estar a tu lado.

Créeme cuando digo
que eres la primera,
la del siempre sí,
la de mi vida en primavera.

VACÍOS HOGAREÑOS

Castillo sin almenas,
con cien habitaciones,
nunca repletas,
donde hoy escucho mis canciones.

Patios marchitos de plantas y flores,
salones habitados por el polvo,
portarretratos anacrónicos,
estancias repletas de dolores.

Esa ahora es mi morada,
hasta que mis congéneres vendan los enseres,
miraré con mi última mirada
las estancias por todos olvidadas.

Se cambiarán entre ellos, como antiguos cromos,
lo que con tanto esmero reuniste,
dejando a un lado la vil miseria,
ojalá donde ahora te encuentres no lo veas.

VEINTE AÑOS

De casi todo hace ya veinte años,
de dormirse a la aurora,
de ver en el espejo a un extraño,
el mismo que estaba entonces y ahora.

Veinte años de perder la adolescencia,
de perder todo sin tener nada,
de visitar los pasillos de Urgencias
sin derramar agua salada.

De casi todo hace ya veinte años,
de mis recuerdos y de tu olvido,
de vuestras victorias y mis fracasos,
y a pesar de todo sigo vivo,
buscando las respuestas
a las preguntas de este sinsentido.

Veinte años no es nada
para quien no los sufre,
para quien no los malvive.
Veinte años no es nada
para los que sobreviven.

Veinte años de los miedos,
de los sueños rotos,
de los insomnios,

de buscar algo en qué creer,
de dejar de crecer.

Veinte años siguen siendo pocos
para decir lo que perdimos,
para olvidar lo que no encontramos,
para entender de una vez por todas
que dependemos de nuestras manos,
que seguimos sin ser lo que aquel día soñamos.

VERANO DE MUERTE

Te recuerdo frágil,
como pétalos de rosa cubiertos de rocío.
Te recuerdo tenaz,
como la locura de un loco
en pleno desvarío.

Te recuerdo libre,
como libres fuimos, mientras nos tuvimos.
Te recuerdo preso,
preso de la gente que no conoció asfalto,
que no entiende de los infortunios del destino,
que no deja vivir mientras vueles más alto.

Te recuerdo amargo,
como el vino que compartimos.
Te recuerdo dulce,
como el sol que calentaba
la tarde en que nos conocimos.

Te recuerdo lejano,
como la arena del fondo del Mar de la Tranquilidad.
Te recuerdo próximo.
como la piel al hueso,
como el dormir al despertar,
como el adiós al beso,
como el agua a la humedad.

Te recuerdo vivo,
como antes de matarme con tu muerte.
Te recuerdo vivo,
como nuestro verano,
como nuestra amistad.
Te recuerdo vivo,
como deberías estar.

¿VERDAD?

La verdad es un lanzar
de sables hacia nosotros mismos,
la verdad es el sí,
el no de truco de faquir.

La verdad tan subestimada,
tan cobarde, tan humana,
tan de mi mal vivir,
tan de así estoy yo sin ti.

Piernas cortas
siempre mentirosas,
mentiras piadosas
pero indecorosas.

Esa verdad que quieres oír,
la de la mentira ruin,
la del quedar bien
la que yo inventé.

Pues es mentira,
es pérfida y sátira
es voluble y aliada,
es la fe de un mejor mañana.

VERSOS PARA NURIA I

Desnuda eres tan bella
como un cuartito de luna,
tan lejana como ella,
con sus mismas manchas en la cara,
color púrpura, color aceituna.

Desnuda y tan cercana,
como el día de nuestra huida,
como la piel a la manzana,
como mi vida de tu vida.

Desnuda eres tan real
como mis manos te acarician,
como la falta de mi hogar,
como que tu tiempo es mi codicia.

Antes de sentir el reloj cercano,
antes de que desaparezca la oscuridad
que nos ama, a la que amamos,
hacemos de la piel las manos.

Ya el amanecer te viste
de sol y de sonrisa,
te arrastra de mi lado
hacia la ciudad que pisas.

Y me vuelve a robar tu tiempo,
ahuyenta mi premisa,
el amanecer nos arrebata
la falta de tenernos prisa.

VERSOS PARA NURIA II

En tu ausencia,
las noches más perpetuas,
las sábanas heladas,
la vida corta,
el colchón enorme,
lo demás… no importa.

En tu ausencia,
los sueños, pesadillas,
las mañanas escarcha,
cubierto de tu falta,
de tu sudor,
de la sombra de tu marcha.

En tu ausencia,
soledad,
agua con sal.
¿Volverás?

En tu ausencia,
el miedo,
la maldita carretera,
el pasado, la distancia,
la tensa espera.

En tu ausencia,
mi vida sin tu parte,
mi mitad en plena huida,
una vida sin casa,
una casa sin vida.

Tu ausencia
me hizo tener la certidumbre,
la certeza,
de que volvería atrás,
tan atrás
como me permitieran las fuerzas,
a cometer una y otra vez,
mil veces,
el mismo acierto,
la misma torpeza.

VERSOS PARA NURIA III

Hasta que mis sábanas
no se empaparon de tu olor,
hasta que mi espejo
no reflejó tu rostro,
hasta que no despertamos,
con el mismo despertador,
no supe verme en otros ojos,
no supe saber que éramos nosotros,
que desaparecimos
tú y yo.

VIVA PERÓN

Para Mariano Alfaro, por el verano

Llegó con aire nuevo,
con un acento que nos atrapó,
dándose una nueva oportunidad
va por el carril correcto,
creo que acertó
con su nueva dirección.

Tiene todo, aun sin nada,
alma, fe, corazón,
pulcra y limpia la mirada
sin razón, para su *desrazón*.

Una esposa desconfiada
a la que no seré yo
quien quite la razón,
ahora toca demostrarlo,
que todo ha tenido un sentido,
y hacerlo con ilusión.

Se acabó ser delfín en la piscina,
conociéndonos bajo el sol,
vivir el ahora desvivido,
aplicar el *mindfulness*
ante cada reto o tropezón.

Llevar al Mar de Plata por bandera,
patria que atrás dejó,
solo nos queda el presente
y la sangre bombeando,
la mía roja,
la suya albiceleste.

VIVIR SIN SECRETOS

Siempre me pidieron ser adulto,
yo quería seguir siendo un niño,
con mi *baby*, con mi sensibilidad,
con mirada limpia, con introspecciones.

Hay quien lo entiende,
la mayoría no, pero es fácil,
añoro esa etapa que acabó,
pero es un secreto, volver a ser un niño.

Pero el segundero es descorazonador,
las patas de gallo cacarean,
solo me queda pulsar el botón del ascensor,
ver en la pantalla cómo sube plantas,
hasta llegar a sitios donde ya duermen.

A los que no supe expresar mi pesadumbre,
los que tuvieron fe en este espantapájaros,
a los que voy acumulando, mis allegados.

VUELTA A MÍ

Es triste hacerse amigo de doctores
por la incidencia por los dolores,
pero han sido ángeles sin alas,
sin juzgar, apoyando a las almas maltratadas.

Tratando como a un ser humano
a un miserable adicto barato,
con paciencia con esmero,
dando lo que no se compra con dinero.

He visitado tantos hospitales
que perdí la cuenta por pereza,
he vivido tantas etapas letales
que si no hubiese sido constante,
la cabeza hubiese estallado por los aires.

Al fin de vuelta a mi rutina,
a mi melancolía, al instante,
al número siete, a silbar melodías,
a saber quién soy tras la faz de los cristales.

ZAPATERO A TUS ZAPATOS

He paseado por el mundo
su apellido,
he hecho de hombre
siendo un chiquillo.

Donde vayas ves su rostro,
donde preguntes lo prohibido,
para unos un monstruo,
para los demás solo olvido.

No hallo repuestas,
no se me es sincero,
muchas curvas, pocas rectas,
mucho silencio para ejercer de poeta.

Lo que plasmo con tinta
de cansado tintero,
solo viejos trastos que venerar
para un añorado zapatero.

Y si fuese vivir sin padre,
sin un solo referente,
me desquité el día que vi
sus vacías cuencas,
leí su pobre calavera
y bese su fría y turbia frente.

Índice

Sobre el autor

José Manuel Núñez Iglesias nace el 24 de octubre del año 1975 en la ciudad de Granada en el seno de una familia humilde. Al nacer, ya se marcó su sino, siendo huérfano de padre antes de su alumbramiento, lo que marcó fuertemente su futuro y su evolución, pues se vio abocado a vivir de internado en internado, de casa en casa, hasta tener edad para trabajar y valerse por sí mismo.

Hace poco más de un año, el destino volvió a cebarse con él en forma de enfermedad, ya que sufrió un ictus isquémico seguido de un derrame cerebral, lo que le hizo ver la vida desde un prisma diferente y volver a enfrentarse a un folio en blanco. Este es el resultado.

Nuestro autor posee varios premios de relato corto, tanto a nivel provincial como autonómico, y esta obra supone su salto a la poesía. Tiene una hija adolescente, Paula Núñez, que sigue sus pasos ejerciendo de poetisa.